LA

CONTRE-GUÉRILLA

FRANÇAISE

AU MEXIQUE

PARIS

IMPRIMERIE CENTRALE DES CHEMINS DE FER

A. CHAIX ET Cⁱᵉ

RUE BERGÈRE, 20, PRÈS DU BOULEVARD MONTMARTRE.

1866

LA
CONTRE-GUÉRILLA

FRANÇAISE
AU MEXIQUE.

Extrait du journal l'Estafette (Mexico, février 1866).

————◄○○►————

La Contre-Guérilla française, dont les exploits ont retenti dans les colonnes de nos journaux, n'est pas de création récente. Nous nous proposons de tracer rapidement l'historique de cette troupe qui a rendu de si grands services, et qui est cependant si peu connue.

Le plus triste legs de l'Espagne au Mexique est incontestablement *la Guérilla.*

Une Guérilla est d'abord composée de gens chassés de leurs *pueblos* ou échappés des prisons. Un individu quelconque enrôle cette lie de la population, qu'il sait fasciner à propos par quelques piastres. Ainsi constituée, la Guérilla se livrera à tous les excès : le vol, le meurtre, le viol, le sacrilége, signaleront le passage de ces hommes qui ont abjuré tout sentiment humain. Plus de sécurité sur les routes ; le commerce sera rançonné, les produits agricoles ne pourront s'échanger. Le nombre de la troupe ira toujours en grossissant ; les *haciendas* et *pueblos*, surpris, fourniront armes, chevaux et argent (*prestamo*) ; les *vaqueros* et *peones*, arrachés à la garde de leurs troupeaux et à la charrue, seront enrôlés de force et dépaysés. Un chef intelligent fait vite fortune à ce métier de *guérillero*, et, s'il n'est ni volé ni tué par les siens, il peut, quand il renonce à courir la campagne, aller vivre

1866

tranquillement dans une ville, entouré (disons-le) sinon de l'estime, du moins de l'insouciance générale. Si, poussé par l'ambition, il reste à la tête de sa troupe, il pourra bientôt se mesurer avec les petits détachements de l'armée : alors, s'affublant du titre de colonel ou de celui de général, il servira le parti qui paie le mieux.

Dès les premiers jours de notre expédition au Mexique, de nombreuses guérillas s'attachèrent à nos pas, et ce ne fut pas là un des embarras les moins sérieux qui nous aient été suscités. Nos convois étaient attaqués : il fallait distraire de nos rangs, déjà faibles, de nombreuses escortes qui faisaient un rude métier, surtout pendant la saison des pluies. Tout soldat isolé était pris au *lazo*, mis à mort et presque toujours atrocement mutilé. Nombre de commerçants, cantiniers à la suite de l'armée, furent dépouillés de tout leur avoir ; la ville de Véra-Cruz eut surtout à souffrir de la présence des bandits.

Lorsqu'après l'arrivée du général de Lorencez (mars 1862), nos troupes se portèrent en avant, une petite garnison, sous les ordres de M. Durand Saint-Amand, capitaine de vaisseau, avait été laissée dans cette place, dont la population, fort augmentée déjà par une recrudescence de négociants et de marchands, se trouvait en outre encombrée par des gens de toutes nations, dénués de ressources, en grande partie naufragés (de nombreuses carcasses de bâtiments, encore aujourd'hui à demi ensablées, attestent combien cet hiver fut fertile en naufrages sur la côte du golfe). Tout devint d'une cherté effrayante. Les guérillas cernaient littéralement la ville, empêchant les *rancheros* d'y apporter leurs produits. Il n'était pas prudent de se promener à quelques pas en dehors des murs.

L'amiral Jurien de la Gravière, de concert avec les autorités de la ville, résolut de porter remède à cet état de choses : il forma une garde urbaine avec tout ce monde dont regorgeait Vera-Cruz ; le commandement en fut donné à un certain Stœcklin, ingénieur suisse, qui avait été employé par le général Prim dans son état-major.

On était alors aux premiers jours du printemps de 1862. Les statuts de cette garde, affichés sur les murs, offraient à tout engagé une prime de 80 piastres (400 francs) et une solde de 50 piastres par mois (250 francs). M. Stœcklin, nommé capitaine, devait, sur cet argent, pourvoir sa troupe de munitions, armes et chevaux, l'habiller et la nourrir. Muni d'une clef des portes de la ville, il pouvait sortir à toute heure de nuit et de jour, sans être inquiété. La totalité des prises faites revenait de droit à la garde urbaine.

Si nous nous appesantissons sur l'organisation de cette troupe, c'est qu'elle fut le véritable noyau de la Contre-Guérilla, dont elle prit bientôt le nom.

Le capitaine Stœcklin était un homme d'une rare énergie; ses cheveux plats, ses yeux petits, mais étincelants, sa bouche fine et serrée, prévenaient peu dabord en sa faveur : on revenait bien vite de cette première impression. Il se mit à l'œuvre avec ardeur, et dès qu'il eut une quarantaine d'hommes sous ses ordres, il entra en campagne.

Son premier souci fut d'enlever dans les environs deux ou trois cents bœufs, avec lesquels il donna à manger à Vera-Cruz, qui mourait de faim.

Les Guérillas apprirent bientôt qu'elles avaient un rude adversaire éventant leurs ruses et faisant contre elles de véritables chasses à courre. Dans l'une d'elles, entreprise de concert avec le capitaine de Montarby, du 1ᵉʳ chasseurs d'Afrique, contre la bande d'un certain *Le Cuesta*, une trentaine de bandits, serrés de près, n'aperçurent que trop tard un marais dans lequel ils se jetèrent tête baissée, et ils moururent tous étouffés dans la vase. Ce marais porte depuis le nom de *Cenagal de la Cuesta* (bourbier de la Cuesta).

Vera-Cruz se trouve bientôt dégagée. La Contre-Guérilla (nous lui donnerons désormais ce nom) s'installe à *Casamata*, petit fort qui, au temps de la guerre de l'indépendance, servait de poudrière et était occupé par un bataillon espagnol.

Entre chacune de ses expéditions, le capitaine Stœcklin, secondé par son lieutenant, M. Sudric, organisait activement sa troupe et augmentait son effectif. Il comptait, au mois d'octobre, soixante et dix cavaliers et trente fantassins, ces derniers, indispensables pour déjouer la tactique de l'ennemi, qui consiste à attendre une troupe à cheval à huit ou dix pas de la route, tracée le plus souvent dans des forêts impénétrables, d'où il fusille à son aise la cavalerie. On conçoit combien sont utiles, en pareil cas, des fantassins déterminés qui ont l'habitude d'éclairer une colonne et de s'élancer sous bois, la baïonnette en avant, au premier coup de feu.

Le 2 novembre, toute la troupe de M. Stœcklin se mit en marche : il s'agissait d'un sérieux coup de main. On prit d'abord le chemin de *la Tejeria*. Une compagnie de voltigeurs du 95ᵉ, sous les ordres du capitaine d'Aigrevaux, se joignit à la Contre-Guérilla; on tourna alors brusquement à gauche et on se dirigea sur *Medelin*, occupé par les *Chinocos* (sobriquet donné aux guérillas du parti libéral).

Medelin est une charmante petite ville contournée par le Rio-Jamapa. Les habitants de Vera-Cruz s'y réfugient pendant la saison du *vomito*. Medelin a sa saison des bains (*temporada*); alors la ville prend un aspect vraiment féerique : des tentes s'élèvent sur la place; une foule empressée circule au milieu de monceaux de fruits inconnus en Europe; des marchands ambulants servent aux consommateurs des boissons glacées, et ces *dulces* (confiseries et pâtisseries) dont les Mexicains sont si friands, et dans la confection desquels ils excellent; l'or et l'argent bruissent sur les tables de roulette et de *monte*, et, plus loin, de jolies *garochas*, à l'œil plus étincelant que les pierreries dont elles sont couvertes, font entendre leurs chants mélodieux en s'accompagnant sur la *vihuëla* (guitare), ou se livrent aux joies effrénées du *fandago* et du *jarabe* (danses des terres chaudes).

La petite colonne expéditionnaire fut éventée par les *avanzadas* (grand'gardes) ennemies à une demi-lieue de la ville. Lorsqu'en suivant le chemin, elle arriva sur le Rio-Jamapa, elle fut accueillie par une vive fusillade. On résolut, pour ne pas perdre trop de monde, d'attaquer par la gare du chemin de fer de Vera-Cruz. L'ennemi, devinant notre intention, chercha à nous couper la route; mais voltigeurs et Contre-Guérilleros à pied s'élancèrent au pas de course et enlevèrent la position. Ce fut alors le tour de la cavalerie : sa poursuite furieuse épouvanta les Mexicains, et trente morts marquèrent son passage. Nous retrouvâmes cinq des nôtres tués et affreusement mutilés; un d'eux avait le poignet droit coupé ainsi que les oreilles; il était percé de cinquante-sept coups de lance!

La Contre-Guérilla avait eu l'honneur de combattre côte à côte avec l'armée française. Elle avait reçu son baptême de feu : le sang versé avait cimenté l'union!

Le colonel Mangin, du 3e zouaves, débarqué avec son régiment le surlendemain de ce combat, s'adjoignit la contre-guérilla pour se porter sur Alvarado, petit port de mer situé au sud de Vera-Cruz, auquel on arrive par une marche des plus pénibles dans des plaines sablonneuses, semées çà et là de nopals et d'une sorte de buisson épineux aux fleurs semblables à des boutons d'or dont l'odeur agréable se répand au loin.

Revenue à Médelin, au retour de cette expédition, la troupe du capitaine Stœcklin continua ses audacieuses sorties contre les bandits, toujours attirés par l'appât du pillage de nos convois. Dans l'une d'elles, la bande d'Antonio Garcia, dit *El-Tuerto* (le borgne) fut complétement détruite.

La vareuse de marin, que portait la troupe, fut remplacée à cette époque par un costume très-simple qui se composait d'un pantalon en velours gris tirant sur le jaune, d'une veste mexicaine de la même étoffe à collet rouge, et d'un chapeau en palmier à larges bords (*le sombrero*).

C'est sur une plus grande échelle que la Contre-Guérilla opérera désormais. Nous la retrouvons, à quelque temps de là, à plus de trente lieues de Vera-Cruz, purgeant la petite ville de *Tlacotalpam* de deux cents bandits qui l'occupaient. La canonnière à vapeur *la Sainte-Barbe* appuya ce mouvement dans le fleuve Casamaloapam, large et profond en cet endroit.

Au retour, et dans un des passages les plus difficiles, les éclaireurs signalent l'ennemi. La *Sainte-Barbe* stoppe immédiatement, envoie deux coups à mitraille, et débarque un renfort de vingt soldats martiniquais de l'infanterie de marine, sous les ordres d'un capitaine, et de huit matelots commandés par un enseigne. A peine engagée dans le passage, une décharge effroyable, venue de trois points différents, accueille la petite colonne ; une autre se fait entendre presque aussitôt sur les derrières. Plusieurs bandes s'étaient réunies pour nous tendre une embuscade : nous étions cernés par un ennemi invisible. Une minute d'hésitation, et c'en était fait de tous ! On s'élança résolûment dans le fourré, à l'arme blanche, mais ce ne fut ni sans peine ni sans pertes que le passage fut forcé. L'ennemi, battu, s'enfuit dans toutes les directions sans avoir perdu beaucoup de monde. Nous comptâmes vingt-deux tués dans cette affaire glorieuse, mais meurtrière. Les Contre-Guérilleros avaient montré l'aplomb de vieux soldats.

Au mois de mars 1863, le colonel d'état-major du Pin fut investi du commandement de la Contre-Guérilla en vertu d'ordre supérieur.

Le brave Stœcklin trouvait, à quelque temps de là, dans un engagement avec l'ennemi, une mort glorieuse. La croix de la Légion d'honneur venait de le récompenser de ses brillants services.

Doué d'une santé de fer, d'une volonté opiniâtre jointe à une haute intelligence et à une longue habitude de la guerre, qu'il a faite en Algérie, en Crimée, en Chine, le colonel du Pin s'occupa surtout de *franciser* sa troupe. Un intendant de l'armée compta son effectif en hommes et en chevaux, après toutefois qu'il eut éliminé les trop mauvais sujets. Son infanterie fut armée, par notre arsenal, de la carabine avec le sabre-baïonnette de chasseurs à pied ; sa cavalerie, du sabre, du pistolet et du fusil des chasseurs d'Afrique.

Sous les ordres du colonel du Pin, la Contre-Guérilla devint bientôt la terreur des brigands, qui, ne trouvant plus de sûreté nulle part, furent se joindre, au nombre de cinq ou six cents aux gens du bourg de Tlaliscoya, qui nous étaient ouvertement hostiles. Le colonel résolut de leur porter un coup décisif.

La Contre-Guérilla, renforcée de la bande alliée de Georges Murcia, fit d'une seule traite les 15 lieues qui la séparaient de Tlasiscoya. Elle arriva dans l'après-midi en face du village, sur les bords d'une rivière très-profonde dont tous les canots avaient été soigneusement retirés. Des premières maisons, barricadées avec des balles de coton, partit une fusillade bien nourrie aussitôt que notre tête de colonne parut à bonne portée. Le colonel fit faire halte et disposa son infanterie en tirailleurs en lui prescrivant d'entretenir le feu. A l'entrée de la nuit il se remit en route avec sa cavalerie, en se dirigeant vers un gué que son guide lui assurait exister en amont. On marcha difficilement, car on était souvent obligé de se servir de la hache pour avancer dans le plus épais d'une forêt presque vierge. En arrivant au gué, qui était gardé, le colonel s'aperçut qu'une partie de la cavalerie s'était égarée; la nuit était des plus noires, quarante-neuf hommes seulement restaient autour de lui. Il se mit sans hésiter à la tête de cette faible troupe et, culbutant l'*avanzada*, il arriva en même temps qu'elle sur la place de Tlaliscoya, aux cris de « Vive l'Empereur ! »

L'ennemi, saisi d'une folle panique, s'enfuit en désordre ; mais il pouvait être avisé de notre petit nombre, se ruer sur nous et nous écraser. La position était difficile : le sang-froid du colonel sauva tout ! Après avoir distrait de sa petite troupe ce qui était nécessaire pour fournir les vedettes et former les patrouilles, il fit entrer le reste dans une grande cour entourée d'*organos* (1) ; puis, mandant les autorités et les principaux notables, il se fit immédiatement apporter des rations pour quatre cents fantassins et deux cents chevaux. Grâce à cet ingénieux stratagème, il parvint à tromper tout le monde sur notre force numérique. Il fit garder ces personnages prisonniers, et les prévint aussi, sans que son calme se démentît un seul instant, que, s'il n'avait pas de canots au point du jour, ils seraient pendus, et que le bourg serait en outre fortement rançonné. Les canots furent trouvés,

---

(1) ORGANOS. — Sorte de plante grasse, haute de plusieurs mètres, à laquelle une ressemblance avec de gros tuyaux d'orgue a valu ce nom. Ces organos, disposés sur plusieurs lignes et très-serrés, forment des haies infranchissables et aussi impénétrables à l'œil que les meilleures murailles.

et l'infanterie, laissée la veille sur la rive opposée, put à son tour passer la rivière et rejoindre la cavalerie.

Le surlendemain, dans la nuit, après avoir détruit une grande quantité d'armes et de munitions trouvées dans les maisons de Tlaliscoya, qui furent scrupuleusement fouillées, le colonel reprenait le chemin de Medelin. L'ennemi, revenu de sa stupeur, soupçonna la hardiesse du coup de main; il tenta un semblant de retour offensif, mais sans résultat : il était démoralisé. Plusieurs *ranchos* (1) abandonnés et servant de repaire aux bandits furent livrés aux flammes au retour de cette brillante expédition de Tlaliscoya.

Le colonel du Pin venait de se révéler à sa troupe, qui devait avoir désormais en lui une foi sans limites. Aussi excellent politique que bon soldat, il obtenait l'adhésion au nouvel ordre de choses de la bande d'*Osorio*, renfermée dans le bourg de Cotaxila. Ce chef venait avec ses hommes se rendre à lui dans cette place et engager sa parole, qui fut fidèlement tenue.

C'est à peu de temps de là, dans le courant de juin, qu'eut lieu l'admirable défense d'une compagnie de la légion étrangère, à Camaron. Cette lutte mémorable, que tout le monde connaît, a été justement comparée à celles de Mazagran et de Sidi-Brahim. Les noms de Danjou, de Villain et de Maudet sont dignes de devenir aussi historiques que ceux des Lelièvre et des Géreaux!

Le combat de Camaron avait augmenté la confiance de l'ennemi : il se hasardait à s'approcher de nouveau de la ligne de nos convois. La Contre-Guérilla s'attacha dès lors à ramener la sécurité sur les routes. Elle y réussit après une série de brillants combats; mais son effectif n'était plus en rapport avec sa mission.

Deux cents hommes de bonne volonté, pris dans toute l'infanterie du corps expéditionnaire, et vingt-cinq cavaliers, choisis dans les chasseurs d'Afrique, furent adjoints à la troupe du colonel du Pin sous le titre de Contre-Guérilla auxiliaire. Les premiers furent plus tard l'élément de nos compagnies franches; les seconds furent incorporés dans la Contre-Guérilla.

Le colonel entreprit, à peu près à cette époque, une pointe hardie sur la ville de Huatusco; il s'en rendit maître et tint longtemps en échec la brigade ennemie du général *Milan*, le vainqueur de Camaron.

Frappé des services que rendait la Contre-Guérilla, S. Exc. le ma-

(1) *Rancho*, ferme. — Rancheso, fermier.

réchal Bazaine, alors général de division, la forma, par arrêté du 16 octobre 1863, d'une manière définitive.

Cet arrêté constitutif fixe la composition du corps de la manière suivante : deux escadrons à cent soixante sabres chacun, et deux compagnies à cent soixante baïonnettes. Plus tard, il confiait à cette troupe deux obusiers rayés de montagne ; plus tard encore, il ordonnait la création d'une troisième compagnie d'infanterie.

Tout le monde fut revêtu du costume qu'avait fait venir de Paris le colonel du Pin, après approbation du général commandant en chef. C'est l'uniforme actuel ; il est aussi simple que gracieux et commode, et paraît être la vraie tenue de guerre appropriée au climat du Mexique. Ce costume se compose, pour l'infanterie, d'un gilet et d'une veste semblables à ceux des zouaves, mais plus sévère ; pour l'artillerie et la cavalerie, d'une pelisse sans fourrures. Cette pelisse est bleu foncé, soutachée de noir, pour l'artillerie, avec parements écarlates ; elle est garance avec parements bleu de ciel, tresses et soutaches noires, pour le 1er escadron ; le 2e la porte bleu céleste, avec parements garances, tresses et soutaches jonquille. Tout le monde a le pantalon de toile : le cavalier le fait entrer jusqu'au genou dans de grandes bottes molles ornées du lourd et retentissant éperon mexicain. Deux chemises en flanelle rouge, une chechia, un sombrero et une vareuse, composent toute la garde-robe du Contre-Guérillero.

Des sous-officiers, pris dans les corps français au Mexique, furent désignés pour remplir les fonctions d'officiers de pelotons et de sections. Des lieutenants de l'armée devaient commander les escadrons ou compagnies. Un conseil d'administration fut créé.

Les Terres Chaudes (de Vera-Cruz) étaient tranquilles, la route de Mexico redevenait sûre ; nos convois montaient librement ; les diligences et les trains de chemin de fer n'étaient plus attaqués. La Contre-Guérilla fut embarquée pour Tampico, au mois de mars, dans le port de Vera-Cruz, afin de ramener l'ordre et la paix dans l'État de Taumalipas..

L'infanterie de marine, qui occupait la place de Tampico, reçut une autre destination ; la Contre-Guérilla, qui la remplaçait, ne comptait pas plus de trois cents hommes, et c'est avec ce peu de monde qu'il lui fallait contenir une population généralement hostile. Elle en vint à bout, et ses succès furent encore plus rapides et plus décisifs ici que dans l'État de Vera-Cruz.

L'ennemi avait installé le siége de sa douane sur les deux routes qui, partant de Tampico, se dirigent vers l'intérieur : au nord, à *Tancasnequi*; à l'ouest, à *Panuco*. Les marchandises étrangères, qui alimentent une foule de points du centre de l'Empire, notamment San-Luis-de-Potosi, ne pouvaient passer qu'en payant d'énormes contributions.

Le colonel du Pin était resté à l'hôpital de Mexico. M. du Vallon, capitaine au 3e chasseurs d'Afrique, nommé commandant en second, avait pris le commandement par intérim. Ce jeune chef, d'une intelligence remarquable, contribua plus que tout autre à mettre la Contre-Guérilla sur le pied actuel. Esprit éminemment organisateur, il forma la section d'artillerie et celle d'ambulance : fort bien secondé, dans cette dernière tâche, par l'aide major de première classe Thomas.

On parvint à manœuvrer avec ensemble dans les trois armes. Des hommes furent enrôlés, des chevaux achetés; il y avait au mois d'avril cinq cents combattants.

C'est à cette époque que rentra le colonel, investi du titre de gouverneur du Tamaulipas. Dès qu'il eut pris connaissance des affaires du pays et pourvu à la sûreté de la ville, il se mit immédiatement en route avec deux cent soixante-quinze hommes pour aller au secours du colonel *Llorente*, notre allié, assiégé avec une faible force dans Temapache par douze cents juaristes, sous les ordres de Canales, Pavon et Carbajal.

Le premier effet de notre marche fut de dégager Llorente; mais on ignorait complétement la direction prise par l'ennemi. Le 18 on arrivait devant le village de San-Antonio, et les avanzadas, qui se repliaient de toutes parts, annonçaient que nous allions enfin le rencontrer. C'est effectivement à San-Antonio qu'il s'était flatté de nous résister. Son réduit était entouré d'une forte palissade faite de troncs de palmiers fichés en terre, d'un mètre et demi de hauteur. Le capitaine du Vallon, à la tête de six pelotons, se dirigea sur la gauche. Une charge vigoureuse suffit pour détruire la cavalerie ennemie; mais, au retour, il fut accueilli par un feu tellement vif des tirailleurs ennemis, que le colonel dut le faire appuyer par une section d'infanterie. On se rendit maître d'un mamelon, sur l'extrême droite qui dominait l'église. De cette hauteur, l'effet de nos obusiers fut terrible. Le cimetière, qui commandait la place, ayant aussi été enlevé par l'infanterie, le colonel donna le signal de l'assaut. Nos fantassins s'élancent et mettent fin au combat, qui a duré quatre heures ! Abordé à la baïonnette dans le réduit palissadé, l'ennemi s'enfuit et se déborde dans le bois où notre cavalerie le traque. Il laisse sur le carreau deux cent cinquante morts, dont quinze officiers. Carbajal est blessé et Canales ne s'échappe qu'en faisant le mort au milieu des cadavres. Nous avons battu une force cinq fois supérieure à la nôtre.

Ce beau succès nous avait coûté huit tués et vingt-neuf blessés, dont six officiers. L'infortuué du Vallon, percé de deux balles dans la poitrine, au retour de la charge qu'il avait si brillamment conduite, ne devait pas survivre longtemps à ses blessures.

Deux pièces de canon, le drapeau du 1er bataillon de Tamaulipas, le guidon de la cavalerie, celui de Carbajal, cent fusils ou rifles furent les trophées de cette journée.

Le lendemain, on se dirigea sur *Tamiagua*, petite ville située sur la lagune de ce nom. Les blessés furent placés dans des litières portées par des Indiens, et tandis qu'ils remontaient la lagune sur des canots, le reste de la troupe reprenait, par terre, la même direction.

Le colonel, voulant désormais agir avec tout son monde, forma une Contre-Guérilla mexicaine, dont il donna le commandement au colonel Prieto. Il put à son aise parcourir dans tous les sens l'Etat qui lui était confié, et par une série de mouvements hardis, inspirer aux Guérillas une terreur telle qu'à notre approche les bandes se dispersaient, les populations se ralliaient. Un millier d'impérialistes, commandés par des chefs divers, mais sous sa direction, ne contribuèrent pas peu à ramener partout l'ordre. Les routes devinrent libres, et cet admirable pays, dont la végétation est si richement féconde, put enfin jouir d'un peu de bien-être.

Au mois de juin, le colonel du Pin entrait en vainqueur à *Victoria*, capitale de l'Etat; il y faisait jonction avec la division alliée du général Mejia, lui laissant ainsi la liberté de se porter sur Matamoros. Plus tard, il relança l'ennemi jusqu'à *Soto-la-Marina* et *San-Fernando*, et força le général dissident Cortina à abandonner six pièces d'artillerie dont il s'empara.

Au retour de cette expédition, il fallut soutenir une nouvelle lutte, mais, cette fois, contre les éléments. On était en pleine saison des pluies, et le passage des rivières grossies offrait les plus grandes difficultés. La circulation est complétement interrompue à cette époque de l'année.

Pour passer le *Rio-Pilon*, on construisit un énorme radeau, maintenu par de gros câbles fabriqués avec des lanières de peaux de bœufs tués à cet effet; ce n'était qu'un jeu. Mais bientôt nous arrivâmes devant le *Rio-la-Corona*; il fallait franchir là 500 mètres d'une eau furieuse. La rivière grossissait de minute en minute; une pirogue passa successivement hommes et matériel dans un tournant où le courant était un peu moins rapide ; puis, chevaux et mulets furent enfermés dans un corral (enclos) fait en bambous, et tandis qu'un animal docile, conduit à la longe, suivait la pirogue et leur indiquait la route, les autres, effrayés par des coups de fouet, étaient obligés de se jeter à l'eau et de suivre leur guide sur la rive opposée, où les cavaliers les attendaient pour les harnacher. Les canons, dont le poids aurait fait chavirer la frêle embarcation, furent hardiment jetés à l'endroit où le fleuve était le plus impétueux ; quatre-vingt Indiens s'élancèrent en même temps à la nage, et, soutenant les roues, s'attelant à des cordes, ils parvinrent à maintenir chaque pièce qui, charriée par le courant, devenu un puissant auxiliaire, arriva sur le bord opposé aux acclamations générales. On ne peut se défendre d'admirer la rare intelligence et le sang-froid du chef qui, après une si longue excursion, dans un pays sans ressources, au plus fort de la mauvaise saison, sut ramener sa troupe intacte en surmontant de si grands obstacles !

Rentré à Tampico, le colonel distribua à toute sa cavalerie des revolvers Lefaucheux, venus de Paris, en remplacement du pistolet d'arçon ; puis, après un court repos, il se remit de nouveau en campagne, pour achever son œuvre de pacification.

Au mois de mars de cette année (1865), M. du Pin, fatigué par un séjour de deux ans dans les Terres-Chaudes, demanda et obtint l'autorisation d'aller respirer l'air plus pur de la France. La Contre-Guérilla se rendit dans l'Etat de San-de-Luis-Potosi, en traversant la sierra Madre, une des principales chaînes des Cordillères, dont l'aspect sévère et la sauvagerie grandiose font un saisissant contraste avec l'Etat de Tamaulipas, qui s'étale à ses pieds, enfoui sous une végétation tropicale des plus luxuriantes.

Arrivé à San-Luis le 10 avril, le colonel du Pin remettait, le lendemain, le commandement du corps au capitaine Ney, duc d'Elchingen, du 1er chasseurs d'Afrique, petit-fils de l'illustre maréchal. M. de Montaut Brassac, capitaine dans le même régiment, fut nommé son commandant en second. Un trésorier, M. Verguet, du 1er zouaves, et trois autres lieutenants de l'armée, MM. de Goltstein, Agniel et de Ezpeleta, venaient en même temps renforcer le corps d'officiers de la Contre-Guérilla, et y prendre des commandements de compagnies ou d'escadrons.

Sur les hauts plateaux, la Contre-Guérilla a dignement soutenu sa réputation militaire. Toujours en avant de nos colonnes, elle s'est signalée par de nombreux combats, dans lesquels les Chinacos ont été constamment battus.

Une de ses compagnies, restée seule à Tampico, conservait au nouvel empire cette douane importante.

La Contre-Guérilla venait d'arriver à San-Luis, lorsque les juaristes aux abois tentèrent un dernier effort. On apprit bientôt que Negrette, à la tête de six mille hommes, était apparu tout d'un coup devant Saltillo et Monterey, dont il s'était rendu maître, et que, sous la pression de ce chef dissident, plusieurs *pronunciamentos* avaient déjà été faits. Le capitaine Ney occupe aussitôt Matehuala, centre d'un pays très-riche en mines d'argent, que l'ennemi menaçait.

Le lendemain de la honteuse dispersion de l'armée de Negrette, retranchée à la *Angostura*, près de Saltillo, la Contre-Guérilla tout entière s'attacha à la poursuite de l'ennemi et atteignit son arrière-garde à Yerba-Buena, après une marche de 22 lieues faite en vingt-quatre heures. Le capitaine Ney, en tête de l'escadron rouge, tomba à l'improviste sur un régiment de lanciers (lanceros de Mejico), et le détruisit complétement.

La petite ville de Cadereyta-Jimenez, en avant de Monterey, et sur la route de Matamoros, fut assignée quelques jours après à la Contre-Guérilla comme centre d'opérations. Ce beau pays, qui jouit des avantages de la Terre-Chaude sans en avoir les terribles inconvénients, était et est encore aujourd'hui infesté de guérillas qui pillent les riches convois venant de Matamoros, et se soustraient facilement à nos coups en profitant de l'état de désordre dans lequel se trouve le Texas pour fuir au-delà de la frontière.

La bravoure et le désir de combattre n'étant pas le fort de ces bandits, le capitaine Ney résolut de les amorcer en les laissant d'abord se rapprocher et prendre confiance ; les coups de la Contre-Guérilla n'en furent ensuite que plus terribles.

Le 20 juillet, M. de Goltstein, lieutenant au 20e bataillon de chasseurs à pied, commandant la 3e compagnie d'infanterie, à la tête de cinquante de ses tirailleurs, surprenait à *Rancho Garcia* la bande de *Salvador de la Cabada*. Signalé par les vedettes ennemies, il faisait prendre le pas gymnastique à sa troupe, et, malgré une marche de 18 lieues, faite en vingt-quatre heures, arrivait sur les bandits la baïonnette haute, leur prenait presque tous leurs chevaux, et leur tuait un grand nombre d'hommes qui s'enfuyaient dans les broussailles.

Presque à la même heure, et à 35 lieues de distance, M. Isabey, lieutenant au 1er régiment de chasseurs d'Afrique, détruisait avec son escadron la bande de *Dario Garza*, lui prenait cènt dix chevaux, et lui tuait à peu près tout son monde.

A quelques jours de là, le capitaine de Montaut Brassac, à la tête de la cavalerie, sabrait la guérilla de *Treviño* dans les rues de la petite ville de *Montemorelos*. Saisis d'une frayeur sans égale, quelques cavaliers tentaient de s'enfuir et se noyaient dans le rio qui coule aux pieds de la ville.

Toujours à la poursuite d'un ennemi qui cherchait à nous éviter, nous faisions quatorze marches de nuit pendant le mois d'août en pleine terre chaude.

A la fin du mois de septembre, l'escadron bleu, commandé par M. de Ezpeleta, sous-lieutenant au 2e chasseurs, sauvait la petite ville de *Teran* d'un *prestamo* (emprunt forcé), et donnait une rude poursuite à une nouvelle bande que Dario Garza avait reformée.

Un décret de l'Empereur, du 15 août, vient de nommer le jeune capitaine Ney d'Elchingen au grade de chef d'escadron.

L'idée d'opposer des Contre-Guérillas aux Guérillas mèxicains n'est pas de nous. Les Américains du Nord, dans leur guerre de 1847, en avaient formé et s'en sont bien trouvés; mais, nous le disons avec avec un certain orgueil national, aucune n'a pu rivaliser avec la nôtre qui, telle qu'elle est organisée aujourd'hui, fait l'admiration de nos amis aussi bien que de nos ennemis.

La Contre-Guérilla française, dout l'effectif ne dépasse pas six cents hommes, compte dans ce moment-ci vingt-deux nationalités réunies: c'est une seconde édition de la tour de Babel. Rien de si curieux pour l'observateur que la réunion de ces différentes races et que cette variété de types.

Un peloton de cavalerie est formée d'Américains du Sud. Ce sont des hommes magnifiques et de rudes soldats; plusieurs ont été officier supérieurs ou subalternes. On les a enrôlés avec leurs grands chevaux (*frisones*). Un autre peloton est composé d'Arabes, généralement anciens turcos. Tous se plaisent au Mexique, dont les conditions climatériques et les vastes solitudes leur rappellent le pays natal. Ils parlent l'espagnol avec une grande facilité, ayant par excellence la la prononciation de la *jota* (le j), probablement importée en Espagne par les Maures. Éclaireurs parfaits, sobres, durs à la fatigue et aux maladies, ils semblent faits pour cette vie demi-nomade. Parmi eux se trouve un nègre, venant de Tombouctou, avec ses énormes boucles d'oreilles en argent et ses doigts chargés de bagues. Comment cet enfant du désert est-il Contre-Guérillero? « C'était écrit, » répond-il. Mais il serait fort embarrassé de l'expliquer. Combien il eût été à désirer qu'on envoyât ici quelques escadrons de spahis! Ils eussent fait merveille.

Des Allemands en assez grand nombre, des Irlandais, des Italiens, un peloton d'Espagnols, des Anglais, un Chinois, des Grecs à l'œil vif, orgueilleux à l'excès et d'une bravoure remarquable, sont côte à côte dans la Contre-Guérilla.

Les Français sont en majorité, cela va sans dire. La plupart sortent de l'armée ; d'autres se trouvent là on ne sait trop comment. Quelques-uns portent de beaux noms.

Une bonne partie des étrangers a été jetée, comme nous l'avons dit, par un naufrage sur le sable du golfe du Mexique. Chacun est reçu sans papiers : il suffit de réunir les conditions physiques. Jamais pourtant une troupe n'a donné lieu à moins de réclamations. Une discipline de fer est indispensable ; mais, au rebours de l'armée, on met ici les mauvais sujets à la porte, et la réforme est une des punitions les plus redoutées

Quelques-uns ont de vieilles peccadilles sur la conscience. Je n'en veux citer qu'un fait. Un ancien négrier, natif du *Monténégro*, vivement poursuivi par une de nos frégates, fut réduit, pour ne pas être pendu à la plus haute vergue de son brick, à envoyer sa cargaison humaine au fond de la mer, après avoir attaché un boulet à chacun de ses colis. Le pauvre diable a été ruiné du coup : c'est depuis un de nos meilleurs et de nos plus braves soldats.

Il est presque superflu, je crois, de faire ressortir les avantages de notre Contre-Guérilla, qui se porte rapidement d'un point à un autre sans avoir besoin d'une administration pour assurer ses vivres et ses fourrages, et qui est affranchie de tous les *impedimentz* qu'on trouve ordinairement à la suite de nos armées. Combien d'expéditions, de coups de main ont été manqués faute de ne pouvoir se passer des différents services administratifs et à cause de la difficulté de les installer !

Quand il n'y a pas de pain, on se contente facilement de *tortillas* (1) à la Guérilla, et les anciens du corps ont gardé le souvenir d'une expédition dans la *Huasteca*, où l'on manquait même de maïs, et où l'on se nourrissait exclusivement de viande de bœuf.

---

(1) Les *tortillas* sont une sorte de galettes faites avec de la farine de maïs. Elles servent de pain à la plupart des Mexicains, et surtout aux pauvres gens et aux habitants des campagnes.

Le commandant de la Contre-Guérilla réforme directement ses chevaux, et une commission qui fonctionne au sein même de la troupe, fait les achats au fur et à mesure des besoins.

Ce petit corps, brigade en miniature, inspire à l'ennemi une salutaire frayeur; il le redoute à cause de son extrême mobilité et de la réunion des trois armes.

Une vie aventureuse, une solde élevée, de fréquentes escarmouches, l'amour de leur métier et du corps, dans lequel quelques-uns comptent déjà plus de deux ans de service, sont autant de liens qui retiennent les Contre-Guérillos sous nos drapeaux.

N'est-ce pas une noble idée d'avoir recueilli ces enfants perdus et de les moraliser par l'épure de la vie militaire en leur faisant aimer notre belle France !

IMPRIMERIE CENTRALE DES CHEMINS DE FER. — A. CHAIX ET C⁰, RUE BERGÈRE, 20, A PARIS. — 5041

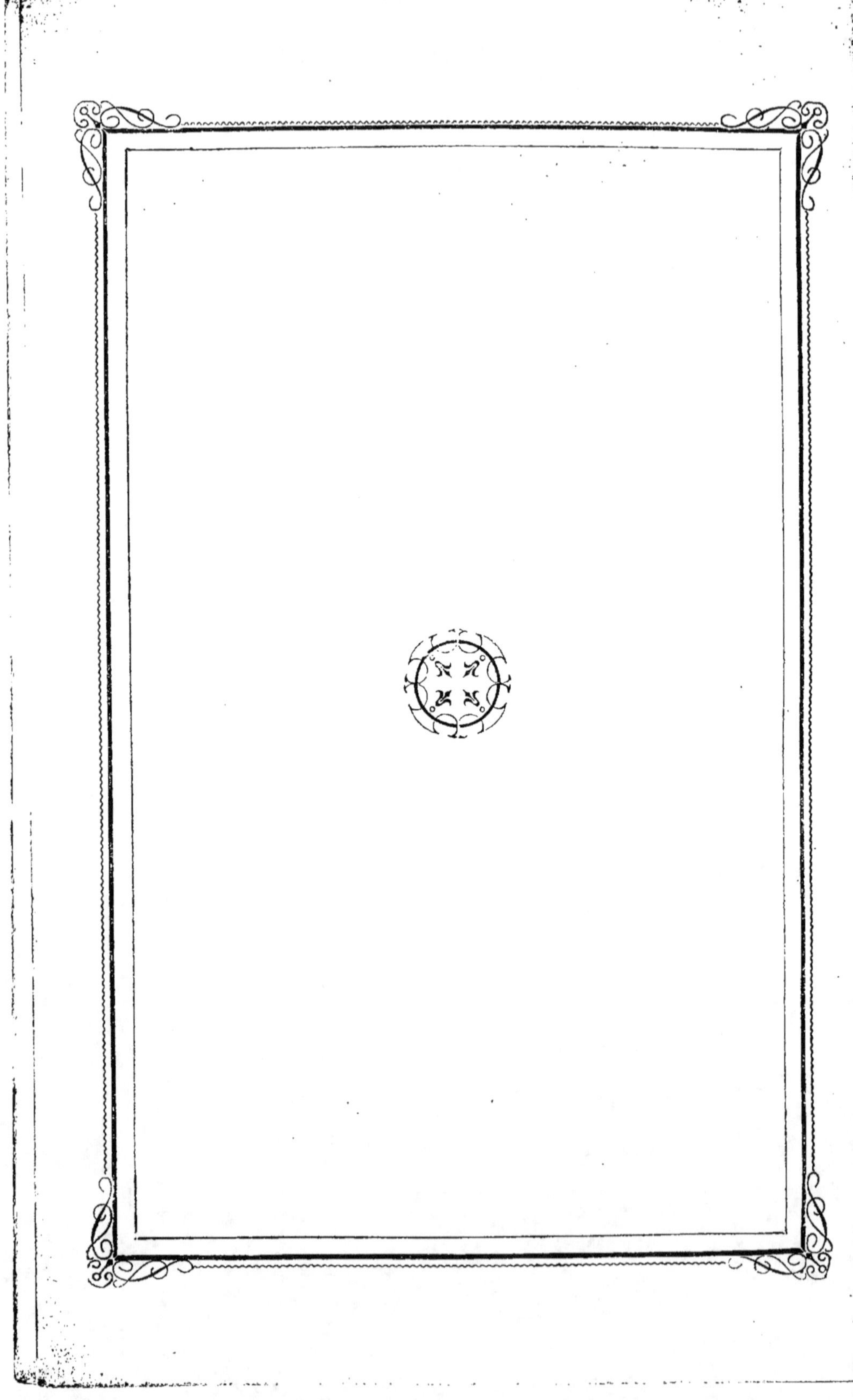

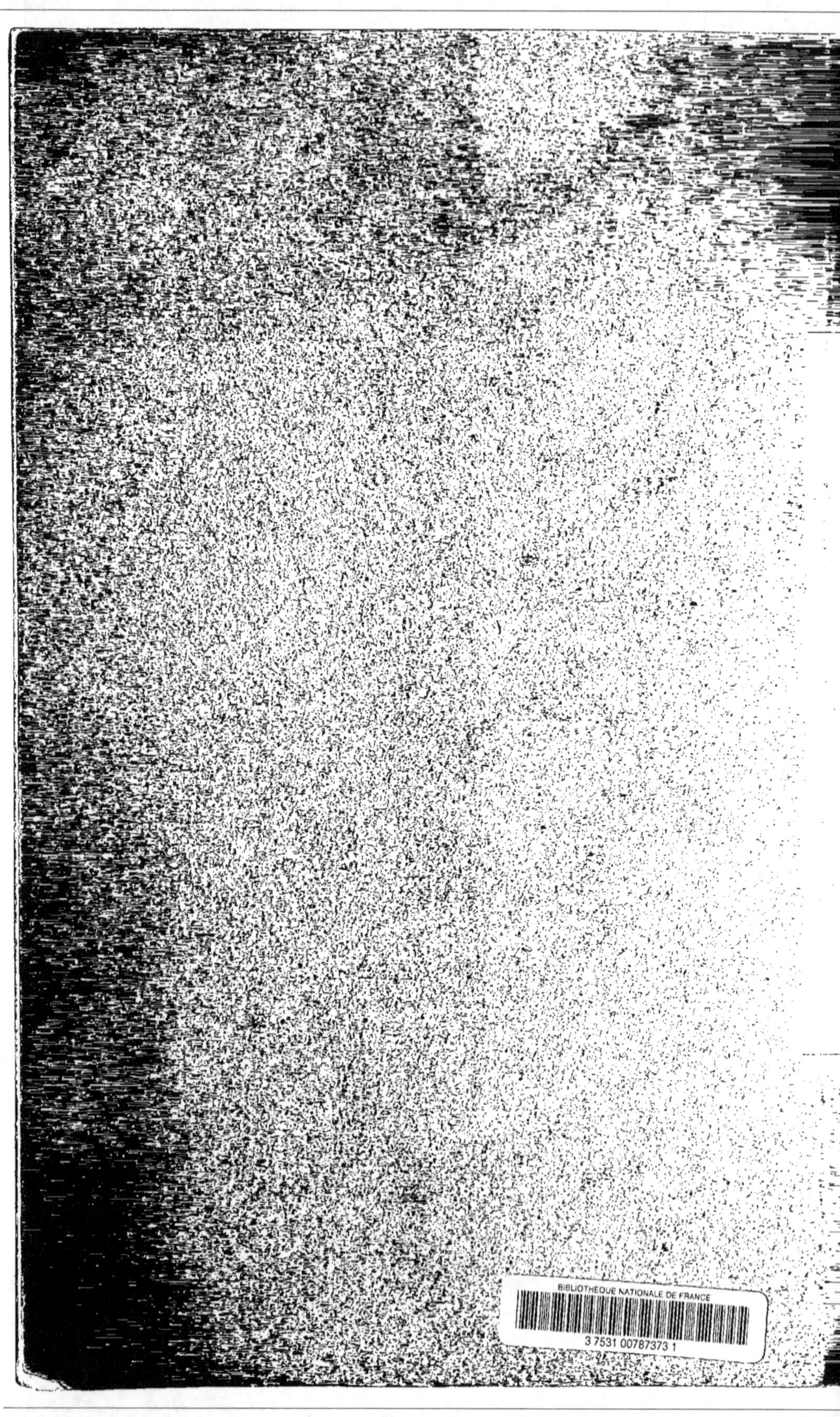

9 782019 613969